Neumann/Grehl

Pfiffige Topflappen häkeln

Inhalt

- **4 Drei Grundformen**
- 4 Topflappen mit kontrastfarbigem Rahmen
- 6 Rippen-Topflappen
- 7 Sechseckige Topflappen

- **8 Farbenfrohe Ränder**

- **10 Filigrane Filethäkelei**
- 11 Topflappen mit Filetblüten
- 12 Topflappen mit Filetrose

- **15 Flaggen**
- 15 Österreich
- 16 Deutschland
- 16 Italien
- 16 Frankreich
- 16 Schweden
- 16 Dänemark
- 17 Schweiz
- 17 Japan

- **18 Gemüse-Topflappen**
- 18 Tomate
- 20 Paprika
- 21 Blumenkohl

Inhalt

22 Modisch kariert
22 Topflappen mit Überkaro
24 Topflappen mit Schachbrettmuster

28 Schweinchen

30 Weihnachtliche Topflappen
30 Tannenbaum
31 Herz
31 Schneemann

25 Regenbogen-Ringel
25 Dreieckige Topflappen
26 Runde Topflappen
27 Streifen-Topflappen

Drei Grundformen

Drei Grundformen

Topflappen mit kontrastfarbigem Rahmen

Abbildung links
Größe ca. 21 x 21 cm

Das wird gebraucht

Für 1 Paar Topflappen:
Coats Lyric 8/8, je 65 g weiß (Fb 500) und blau (Fb 555)
Häkelnadel Nr. 4 oder 4,5

Grundmuster: fM in Rd häkeln, dabei jede Rd mit 2 Lm als Ersatz für die 1. fM beginnen und mit 1 Kett-M in die 2. Lm die Rd schließen. Die Zunahmen in den Ecken nach der Häkelschrift arbeiten. Es sind nur 8 Rd gezeichnet. In den folgenden Rd die Zunahmen stets nach dem gleichen Prinzip arbeiten.

Maschenprobe:
18 M und 20 Rd = 10 x 10 cm
Die folgenden Angaben in Klammern gelten für den 2. Topflappen.

Streifenfolge: 10 Rd blau (weiß) und 10 Rd weiß (blau) = 20 Rd. Beim Rd-Übergang die Kett-M der letzten Rd mit der folgenden Farbe abmaschen.

Topflappen mit kontrastfarbigem Rahmen

Drei Grundformen

So wird's gemacht

In einen Fadenring 2 Lm und 7 fM häkeln = 1. Rd = 8 M. Weiter nach der Häkelschrift arbeiten, dabei nach 10 Rd die Farbe wechseln. In der letzten Rd (= 20. Rd) für den Aufhänger in der Mitte einer Seite 12 Lm häkeln und noch 1 fM in die gleiche Einstichstelle. Dann für die Umrandung noch 1 Rd Kett-M arbeiten, dabei die LM-Kette mit 15 fM umhäkeln.

Häkelschrift zu den Topflappen mit kontrastfarbigem Rahmen

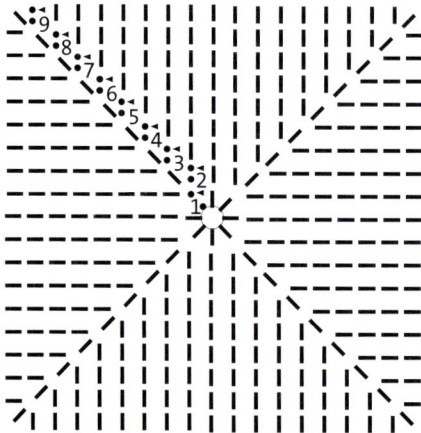

Grundmuster: fM in Reihen häkeln, dabei am Ende jeder R mit 1 Lm wenden. Das Rippenmuster entsteht, wenn die fM nur in die hinteren (oder vorderen) M-Glieder der Vor-R gehäkelt werden. Die Zunahmen in der Mitte nach der Häkelschrift arbeiten. Es sind nur 8 R gezeichnet. In den folgenden R die Zunahmen in der Mitte nach dem gleichen Prinzip arbeiten.

Maschenprobe:
18 M und 18 R = 10 x 10 cm

So wird's gemacht

4 Lm anschlagen, in die 2. M von der Nadel aus 1 fM, in die folgende Lm 3 fM, dann noch 1 fM = 1. R der Häkelschrift. Weiter nach der Häkelschrift arbeiten. Nach ca. 36 R die **Umrandung** häkeln: Den Topflappen mit 1 R fM umhäkeln, dabei in jede R und in jede M des Häkelgrundes 1 fM häkeln, an einer Ecke für den Aufhänger 12 Lm häkeln, an den anderen Ecken stets 3 fM in eine Einstichstelle häkeln. Die Kante noch mit einer Rd Kett-M behäkeln, dabei die Lm-Kette für den Aufhänger mit 15 fM umhäkeln.

Rippen-Topflappen

Abbildung Seite 4/5, Mitte
Größe: ca. 21 x 21 cm

Das wird gebraucht

Für 1 Topflappen:
Coats Lyric 8/8, 60 g grün (Fb 512) oder türkis (Fb 557)
Häkelnadel Nr. 4 oder 4,5

Häkelschrift zu den Rippen-Topflappen

• = Luftmasche
‹ = Kettmasche
I = feste Masche

Sechseckige Topflappen

Maschenprobe:
18 M und 20 R = 10 x 10 cm
Die folgenden Angaben in Klammern gelten für den 2. Topflappen.

Streifenfolge: je 7 Rd türkis (blau), grün (grün), blau (türkis) = 21 Rd. Beim Rd-Übergang die Kett-M der letzten Rd mit der folgenden Farbe abmaschen.

So wird's gemacht

In einen Fadenring 2 Lm und 5 fM häkeln = 1. Rd = 6 M. Weiter nach der Häkelschrift arbeiten, dabei jeweils nach 7 Rd die Farben wechseln. In der letzten Rd (= 21. Rd) für den Aufhänger in eine Ecke 12 Lm häkeln und noch 1 fM in die gleiche Einstichstelle, dann die **Umrandung** arbeiten: Die Kante noch mit einer Rd Kett-M behäkeln, dabei die Lm-Kette für den Aufhänger mit 15 fM umhäkeln.

Sechseckige Topflappen
Abbildung Seite 4/5, rechts
Größe: ca. 21 cm Ø

Das wird gebraucht
Für 1 Paar Topflappen:
Coats Lyric 8/8, je 35 g türkis (Fb 557), grün (Fb 512) und blau (Fb 555)
Häkelnadel Nr. 4 oder 4,5

Häkelschrift zum sechseckigen Topflappen

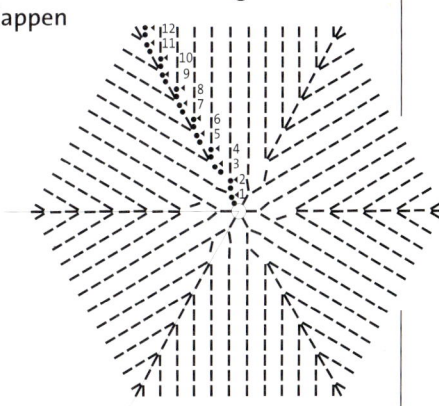

Grundmuster: fM in Runden häkeln, dabei jede Rd mit 2 Lm als Ersatz für die 1. fM beginnen und mit 1 Kett-M in die 2. Lm die Rd schließen. Die Zunahmen in den Ecken nach der Häkelschrift arbeiten. Es sind nur 12 Rd gezeichnet. In den folgenden Rd die Zunahmen stets nach dem gleichen Prinzip arbeiten.

Schön eingerahmt

Farbenfrohe Ränder

Größe des weißen Grundtopflappens: ca. 21 x 21 cm

Das wird gebraucht

Für 1 Topflappen:
60 g *Coats Lyric 8/8*, weiß (Fb 500)
Häkelnadel Nr. 4 oder 4,5
Für die Umrandung:
Coats Lyric 8/8, je 10 g hellgelb (Fb 506) und gelb (Fb 524)
oder 30 g hellblau (Fb 510) und 10 g blau (Fb 511)
oder 10 g hellgrün (Fb 521) und 20 g grün (Fb 556)

Grundmuster: M-Zahl teilbar durch 2. Nach der Häkelschrift arbeiten. 1 x die 1. und 2. R häkeln, dann die 2. R stets wdh.

Maschenprobe:
17 M und 16 R = 10 x 10 cm

Häkelschrift zu den Topflappen mit farbenfrohen Rändern

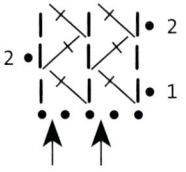

So wird's gemacht

38 Lm in Weiß anschlagen und nach der Häkelschrift arbeiten. Nach 21 cm ist der weiße Grundtopflappen fertig.

Gelbe Umrandung: Den Topflappen mit 1 Rd fM in Weiß umhäkeln. **2. Rd:** Es wird mit Hellgelb und Gelb in einer Rd gehäkelt, dabei stets in jede 2. M bzw. jede 2. R der Vor-Rd einstechen, in den Ecken mit Ausnahme des Aufhängers jedoch in jede M einstechen. Mit der 1. Farbe 1 fM häkeln und 4 Lm häkeln, die Nadel aus der Schlinge nehmen. * Mit der 2. Farbe neben diese M 1 fM, 4 Lm häkeln, die Nadel aus der Schlinge nehmen. Die Häkelnadel in die letzte Lm der 1. Farbe einhängen und 1 fM, 4 Lm häkeln, die Nadel aus der Schlinge nehmen. Ab * stets wdh., dabei die Lm-Ketten stets von hinten nach vorne führen. Für den **Aufhänger** in einer Ecke ca. 14 Lm häkeln, mit einer Kett-M in die gleiche Einstichstelle enden. Diese Lm-Kette nach dem gleichen Prinzip zweifarbig umhäkeln.

Grüne Umrandung: Den Topflappen mit 1 Runde fM in Weiß umhäkeln. **2. Rd** (dunkelgrün): fM, dabei in den Ecken stets 3 fM in eine Einstichstelle. **3. Rd** (dunkelgrün): * 1 fM, mit 1 Lm 1 M der Vor-Rd übergehen, ab * stets wdh., enden mit 1 Kett-M. **4. Rd** (hellgrün): * um die Lm der Vor-Rd 1 Schlinge, 1 U und 1 Schlinge arbeiten und alles zus. abmaschen, 1 Lm, ab * stets wdh., enden mit 1 Kett-M. **5. Rd** (dunkelgrün): Um die Lm der Vor-Rd stets 2 fM arbeiten, dabei in 3 Ecken stets 3 fM häkeln; für den Aufhänger in der 4. Ecke 12 Lm häkeln,

Farbenfrohe Ränder

1 Kett-M in die gleiche Einstichstelle, und die Lm-Kette mit ca. 15 fM behäkeln.
6. Rd: (dunkelgrün): 1 Rd Kett-M häkeln.

Blaue Umrandung: Den Topflappen mit 1 Runde fM in Weiß umhäkeln. **2. Rd** (hellblau): Kett-M häkeln, dabei diese M sehr locker arbeiten. **3. Rd:** Auf der Rückseite um den Kett-M-Faden fM häkeln, dabei für den **Aufhänger** in einer Ecke 12 Lm häkeln und in die gleiche Einstichstelle wieder einstechen und weiterarbeiten. In die anderen 3 Ecken stets 3 fM häkeln. **4. Rd** (hellblau): Auf der Vorderseite um die Kett-M fM häkeln, den Aufhänger mit ca. 17 fM umhäkeln, in die anderen 3 Ecken stets 3 fM häkeln. **5. Rd (dunkelblau):** Beide Rd mit fM zusammenhäkeln, dabei beidseitig nur in ein M-Glied der Vor-Rd einstechen, den Aufhänger mit fM behäkeln. **6. Rd** (dunkelblau): 1 Rd Kett-M häkeln.

Filigrane Filethäkelei

Filethäkeln

Filethäkeln ist eine sehr einfache Häkeltechnik. Die Muster entstehen nur durch Luftmaschen und Stäbchen. Der Wechsel zwischen offenen und gefüllten Karos bildet die Musterung. Für ein gefülltes Karo um die Luftmaschen der Vor-R 2 Stb häkeln, für ein leeres Karo 2 M der Vor-R mit 2 Lm übergehen. Wichtig ist, dass Sie das Garn gleichmäßig und fest verhäkeln, nur so entsteht ein schönes Maschenbild.

Das Zählmuster besteht aus einem Linienraster mit einzelnen grauen Karos:
= 1 offenes Karo = 1 Stb, 2 Lm
= 1 gefülltes Karo = 3 Stb

Die Häkelteile werden nach Fertigstellung gespannt. Sie können die Häkelarbeiten vorher aber auch problemlos waschen. Die Teile mit rostfreien Stecknadeln auf einem weichen Untergrund (Styropor, Teppichboden, Bügelbrett oder eine spezielle Spann- und Dämpfunterlage aus dem Fachhandel) aufnadeln. Die Arbeit mit einem Wäschesprüher gleichmäßig anfeuchten und evtl. zusätzlich mit Sprühstärke leicht stärken. Erst nach vollständigem Trocknen die Stecknadeln entfernen.

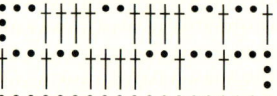

Reihenanfang: Für die 1. R das 1. Stb in die 9. Lm von der Nadel aus arbeiten. Jede weitere R beginnt mit 3 Lm als Ersatz für das 1. Stb + 2 Lm für ein offenes Karo.

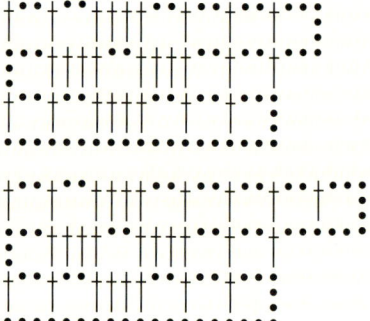

Zunahmen am R-Anfang: Für ein offenes Karo 8 Lm anschlagen, für jedes weitere offene Karo 3 Lm mehr anschlagen.

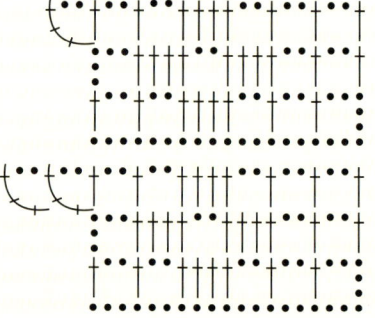

Zunahmen am R-Ende: An Ende der R nach je 2 Lm 1 Dreifach-Stb in die

Topflappen mit Filetblüten

Abbildung Seite 13, unten
Größe: ca. 22 x 22 cm

Das wird gebraucht

Für den Untertopflappen:
60 g *Coats Lyric 8/8*, dunkelgrün (Fb 556)
Häkelnadel Nr. 4 oder 4,5
Für das Filetmuster:
15 g *Coats Aida 15*, weiß (Fb 1)
Garnhäkelnadel Nr. 1,5 oder 1,25

Grundmuster: fM in Reihen häkeln, dabei jede R mit 1 Lm wenden.

Filetmuster (Aida 15): Nach dem Zählmuster arbeiten. Filetgrund = 1 Stäbchen, 2 Lm. Als Ersatz für das 1. Filetkaro 5 Lm häkeln, das letzte Stb am R-Ende in die 3. Lm des Ersatz-Stb häkeln. Die Blüten nach dem Zählmuster und nach der Häkelschrift arbeiten.

• Tipp •

Wenn das Filetmuster nicht quadratisch wird, anstelle der normalen Stäbchen 1 1/2-fach-Stb häkeln:
1 U auf die Nadel nehmen, einstechen und den Faden durchholen, dann mit 1 U zuerst 1 Schlinge, mit 2 weiteren Umschlägen jeweils 2 Schlingen abmaschen.

Einstichstelle des letzten Stb häkeln. Für jedes weitere Karo in das 2. Abmaschglied der vorhergehenden Dreifach-Stb häkeln.

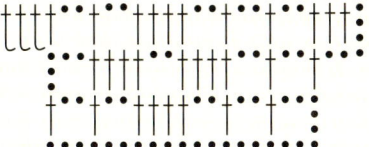

Zunahmen bei gefülltem Karo: Für ein gefülltes Karo am R-Anfang 6 Lm anschlagen, für jedes weitere Karo 3 Lm mehr häkeln. Das 1. Stb in die 5. Lm von der Nadel aus häkeln.

Am R-Ende für jedes gefüllte Karo 3 Stb mit »Fußschlinge« arbeiten: 1 U aufnehmen, 1 Schlinge aus der letzten Einstichstelle durchholen, Schlinge mit 1 U abmaschen, dann das Stb häkeln.

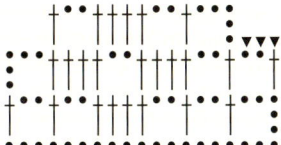

Abnahmen am R-Anfang und R-Ende: Am Anfang der R die entsprechenden Karos mit Kett-M überhäkeln, am Ende der R bleiben die abzunehmenden Karos unbehäkelt.

Filigrane Filethäkelei

Maschenprobe:
Grundmuster: 18 M und 20 R = 10 x 10 cm
Filetmuster: 16 Karos in Höhe und Breite
= 10 x 10 cm

So wird's gemacht

Es wird zuerst das Filetmotiv mit *Coats Aida 15* gehäkelt. Der Untertopflappen richtet sich nach der Größe des Filethäkelteils.

Filetmuster: 111 Lm mit *Coats Aida 15* und der Garnhäkelnadel Nr. 1,5 oder 1,25 anschlagen und in die 9. Lm von der Nadel aus das 1. Stb häkeln. 1. R = 35 Filetkaros. 1 x die 35 R des Zählmusters arbeiten. Das Motiv spannen, anfeuchten und trocknen lassen.

Den **Untertopflappen** in Dunkelgrün mit der Häkelnadel Nr. 4 oder 4,5 häkeln: 41 M anschlagen und in die 2. Lm von der Nadel aus die 1. fM häkeln = 40 M. Nach 22 cm ist das Teil fertig. Wenn das Filethäkelteil ein anderes Maß hat, muss auch der Untertopflappen dieser Größe angepasst werden, d.h. für 0,5 cm Abweichung jeweils 1 M und 1 R mehr oder weniger häkeln.

Umrandung: Beide Teile mit 1 Rd fM in Dunkelgrün zusammenhäkeln und den Topflappen mit 1 Rd Krebs-M behäkeln, dabei für den Aufhänger 12 Lm häkeln und diese mit ca. 15 fM behäkeln.

Häkelschrift für die Filetblüten

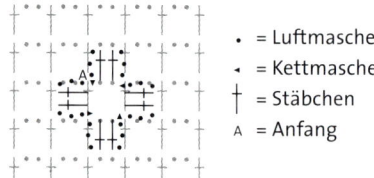

• = Luftmasche
◂ = Kettmasche
† = Stäbchen
A = Anfang

Topflappen mit Filetrose

Abbildung Seite 13, oben
Größe: ca. 22 cm ⌀

Zählmuster für den Filetgrund

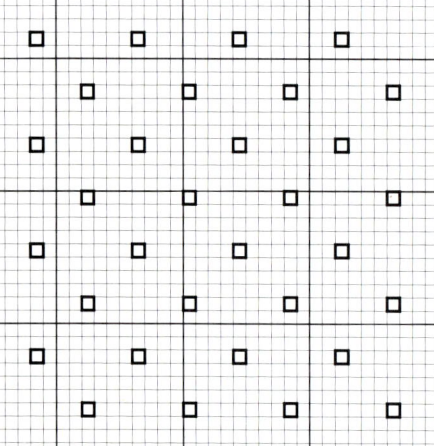

▫ = 1 Filetkaro (2 Lm, 1 Stb)
◻ = um dieses Filetkaro die Blüte nach der Häkelschrift arbeiten

---

Das wird gebraucht

65 g *Coats Lyric 8/8*, dunkelgrün (Fb 556)
Häkelnadel Nr. 4 oder 4,5
Für das Filetmotiv:
15 g *Coats Aida 15*, weiß (Fb 1)
Garnhäkelnadel Nr. 1,5 oder 1,25

Topflappen mit Filetrose

Grundmuster (Lyric 8/8): fM in Runden häkeln, dabei die Runden spiralförmig arbeiten. Ein farbiger Faden zwischen den M am Rd-Übergang erleichtert das Zählen. Für die Zunahmen nach der Anleitung die M verdoppeln, d.h. in eine Einstichstelle 2 fM häkeln.
Filetmotiv (Aida 15): Nach dem Zählmuster arbeiten. Filetgrund = 1 Stäbchen, 2 Lm. Die Zu- und Abnahmen nach der Anleitung auf Seite 10/11 arbeiten.

> ● **Tipp** ●
>
> Krebsmaschen sind feste Maschen, sie werden jedoch von links nach rechts gehäkelt. Dieser Rand hat die Optik einer Kordel und ist vielseitig anwendbar.

Filigrane Filethäkelei

Maschenprobe:
Grundmuster: 18 M und 20 R = 10 x 10 cm
Filetmuster: 16 Karos in Höhe und Breite = 10 x 10 cm

So wird's gemacht

Es wird zuerst das Filetmotiv mit Aida 15 gehäkelt. Der Untertopflappen richtet sich nach der Größe des Filethäkelteils.
Filetmotiv: 36 Lm mit Aida 15 und der Garnhäkelnadel Nr. 1,5 oder 1,25 anschlagen und in die 9. Lm von der Nadel aus das 1. Stb häkeln. 1. R = 10 Filetkaros. 1 x die 36 R des Zählmusters mit Zu- und Abnahmen arbeiten. Das Motiv spannen, anfeuchten und trocknen lassen.

Den **Untertopflappen** in Dunkelgrün mit der Häkelnadel Nr. 4 oder 4,5 häkeln: In einen Fadenring 2 Lm und 7 fM häkeln = **1. Rd** = 8 M.
2. Rd: 4 x jede 2. M verdoppeln = 12 M.
3. Rd: 6 x jede 2. M verdoppeln = 18 M.
4. Rd: 6 x jede 3. M verdoppeln = 24 M.
5. Rd: 6 x jede 4. M verdoppeln = 30 M.
6. Rd: 1 x die 2. M und noch 5 x jede 5. M verdoppeln = 36 M.
7. Rd: 6 x jede 6. M verdoppeln = 42 M.
8. Rd: 1 x die 3. M und noch 5 x jede 7. M verdoppeln = 48 M.
9. Rd: 6 x jede 8. M verdoppeln = 54 M.
10. Rd: 1 x die 4. M und noch 5 x jede 9. M verdoppeln = 60 M.
11. Rd: 6 x jede 10. M verdoppeln = 66 M.
12. Rd: 1 x die 5. M und noch 5 x jede 11. M verdoppeln = 72 M.
13. Rd: 6 x jede 12. M verdoppeln = 78 M.
14. Rd: 1 x die 6. M und noch 5 x jede 13. M verdoppeln = 84 M.
15. Rd: 6 x jede 14. M verdoppeln = 90 M.
16. Rd: 1 x die 7. M und noch 5 x jede 15. M verdoppeln = 96 M.
17. Rd: 6 x jede 16. M verdoppeln = 102 M.
18. Rd: 1 x die 8. M und noch 5 x jede 17. M verdoppeln = 108 M.
19. Rd: 6 x jede 18. M verdoppeln = 114 M.
20. Rd: 1 x die 9. M und noch 5 x jede 19. M verdoppeln = 120 M.
21. Rd: 6 x jede 20. M verdoppeln = 126 M.
Je nach Größe des Filethäkelteils bereits früher oder entsprechend später den Untertopflappen beenden. Wenn Sie weitere Runden anhäkeln müssen:
22. Rd: 1 x die 10. M und noch 5 x jede 21. M verdoppeln = 132 M.
23. Rd: 6 x jede 22. M verdoppeln = 138 M.

Umrandung: Beide Teile mit 1 Rd fM in Dunkelgrün zusammenhäkeln und den Topflappen mit 1 Rd Krebs-M behäkeln, dabei für den Aufhänger 12 Lm häkeln und diese mit ca. 15 fM behäkeln.

Zählmuster zum Topflappen mit Filetrose

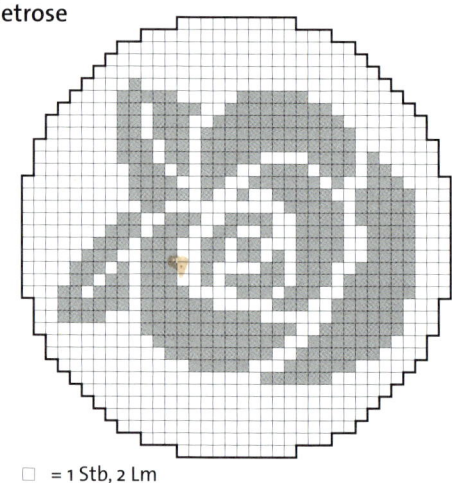

☐ = 1 Stb, 2 Lm
■ = 3 Stb

Flaggen

Größe: ca. 20 x 25 cm

Das wird gebraucht

Für alle Topflappen:
Coats Lyric 8/8 in den jeweils angegebenen Mengen und Farben (Angaben jeweils für 1 Topflappen)
Häkelnadel Nr. 4 oder 4,5
Deutschland:
je 20 g gelb (Fb 524) und schwarz (Fb 501), 25 g rot (Fb 508)
Österreich:
40 g rot (Fb 508), 25 g weiß (Fb 500)
Italien:
je 20 g rot (Fb 508) und grün (Fb 512), 30 g weiß (Fb 500)
Frankreich:
je 20 g rot (Fb 508) und blau (Fb 511), 30 g weiß (Fb 500)
Schweden:
25 g gelb (Fb 524), 45 g blau (Fb 511)
Dänemark:
45 g rot (Fb 508), 25 g weiß (Fb 500)
Schweiz:
55 g rot (Fb 508), 15 g weiß (Fb 500)
Japan:
25 g rot (Fb 508), 45 g weiß (Fb 500)

Umrandung: Den Topflappen mit 1 R fM umhäkeln, dabei in jede R und in jede M des Häkelgrundes 1 fM häkeln, an drei Ecken stets 3 fM in eine Einstichstelle, an einer Ecke für den Aufhänger 12 Lm häkeln. Die Kante noch mit einer Rd Kett-M behäkeln, dabei die Lm-Kette für den Aufhänger mit 15 fM umhäkeln.

Maschenprobe:
18 M und 20 R = 10 x 10 cm

So wird's gemacht

Österreich (ca. 18 x 25 cm): 46 Lm in Rot anschlagen und in die 2. Lm von der Nadel aus die 1. fM häkeln = 45 M. Über diese M je 12 R rot, weiß und rot gerade hoch häkeln. Nach 36 R die **Umrandung** in Weiß arbeiten.

Grundmuster: fM in Reihen häkeln, dabei jede R mit 1 Lm wenden. Die Flaggen Schwedens, Dänemarks, Japans und der Schweiz nach den entsprechenden Zählmustern im Farbwechsel häkeln. Man arbeitet mit 3 Knäueln in einer R, beim Farbwechsel die letzte M einer Farbe stets mit der folgenden Farbe abmaschen.

Flaggen

Deutschland (ca. 18 x 25 cm): 46 Lm in Gelb anschlagen und in die 2. Lm von der Nadel aus die 1. fM häkeln = 45 M. Über diese M je 12 R gelb, rot und schwarz gerade hoch häkeln. Nach 36 R die **Umrandung** in Rot arbeiten.

Italien: 37 Lm in Rot anschlagen und in die 2. Lm von der Nadel aus die 1. fM häkeln = 36 M. Über diese M je 16 R rot, weiß und grün gerade hoch häkeln. Nach 48 R die Umrandung in Weiß arbeiten.

Frankreich: 37 Lm in Rot anschlagen und in die 2. Lm von der Nadel aus die 1. fM häkeln = 36 M. Über diese M je 16 R rot, weiß und blau gerade hoch häkeln. Nach 48 R die Umrandung in Weiß arbeiten.

Schweden: Nacheinander 15 Lm in Blau, 6 Lm in Gelb und 16 Lm in Blau anschlagen und in die 2. Lm von der Nadel aus die 1. fM häkeln = 36 M. Über diese M nach dem Zählmuster im Farbwechsel gerade hochhäkeln. Nach 48 R die Umrandung in Gelb arbeiten.

Dänemark: Nacheinander 15 Lm in Rot, 6 Lm in Weiß und 16 Lm in Rot anschlagen und in die 2. Lm von der Nadel aus

Flaggen

die 1. fM häkeln = 36 M. Über diese M nach dem Zählmuster im Farbwechsel gerade hochhäkeln. Nach 48 R die Umrandung in Weiß arbeiten.

Schweiz: 37 Lm in Rot anschlagen und in die 2. Lm von der Nadel aus die 1. fM häkeln = 36 M. Über 8 R in Rot häkeln. Das Kreuz in Weiß ab 9. R nach dem Zählmuster im Farbwechsel einhäkeln. Nach 39 R in Rot weiterhäkeln. Nach 48 R die Umrandung in Rot arbeiten.

Japan: 37 Lm in Weiß anschlagen und in die 2. Lm von der Nadel aus die 1. fM häkeln = 36 M. Über 8 R in Weiß häkeln. Den Kreis in Rot ab der 9. R nach dem Zählmuster im Farbwechsel einhäkeln. Nach 39 R in Weiß weiterhäkeln. Nach 48 R die Umrandung in Weiß arbeiten.

Zählmuster zur schwedischen und dänischen Flagge

Zählmuster zur Schweizer Flagge

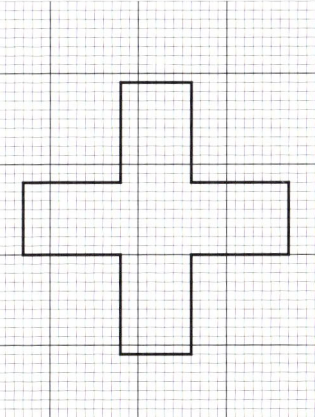

Zählmuster zur japanischen Flagge

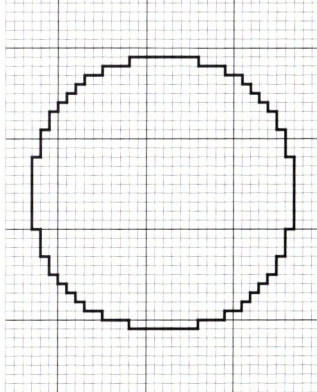

Gemüse-Topflappen

Tomate

Größe: ca. 23 x 21 cm

Das wird gebraucht

Für 1 Topflappen:
Coats Lyric 8/8, 50 g rot (Fb 508), je ein Rest grün (Fb 556) und weiß (Fb 500)
Häkelnadel Nr. 4 oder 4,5
Sticknadel Nr. 18 mit Spitze

Grundmuster: fM in Reihen häkeln, dabei jede R mit 1 Lm wenden. Die Ab- und Zunahmen nach dem Zählmuster arbeiten.

Maschenprobe:
18 M und 20 R = 10 x 10 cm

So wird's gemacht

11 Lm in Rot anschlagen und in die 2. Lm von der Nadel aus die 1. fM häkeln. Den Topflappen nach dem Zählmuster arbeiten. Die Konturen im Kettenstich in Weiß aufsticken. **Umrandung:** Den Topflappen mit 1 Rd fM und einer Rd Kett-M in Rot behäkeln. Die **Blätter** mit dem **Aufhänger** in Grün wie folgt arbeiten: In eine Fadenschlinge 1 Lm und 6 fM häkeln. In der **2. Rd** jede M verdoppeln = 12 M. **3. Rd:** 12 Lm, dann 1 fM auf die M der Vor-Rd, * 8 Lm und auf diese Lm 1 Kett-M, 2 fM und 3 Stb und 1 fM häkeln, 1 M der Vor-Rd übergehen und 2 fM häkeln, ab * 3 x wdh. Die Lm-Kette am Rd-Anfang mit 15 fM behäkeln. Das Teil auf den Topflappen nähen.

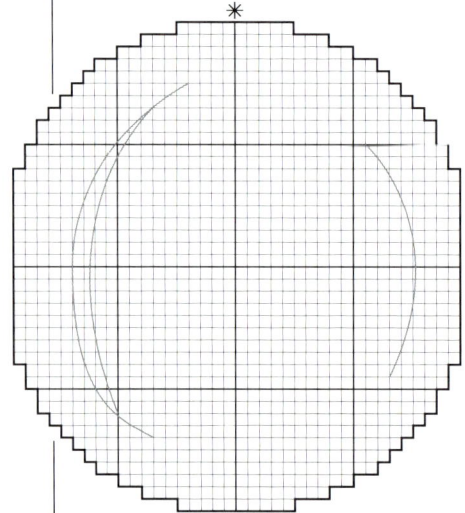

Zählmuster zur Tomate

Kettenstich

Tomate

Gemüse-Topflappen

Paprika

Größe: ca. 20 x 23 cm

Das wird gebraucht

Für 1 Topflappen:
Coats Lyric 8/8, 60 g gelb (Fb 524),
je ein Rest grün (Fb 556) und
hellgelb (Fb 506)
Häkelnadel 4 oder 4,5
Sticknadel Nr. 18 mit Spitze

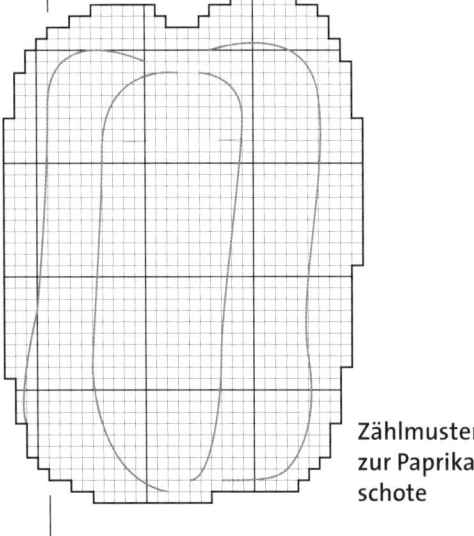

Grundmuster: fM in Reihen häkeln, dabei jede R mit 1 Lm wenden. Die Ab- und Zunahmen nach dem Zählmuster arbeiten.

Maschenprobe:
18 M und 20 R = 10 x 10 cm

Zählmuster zur Paprikaschote

So wird's gemacht

12 Lm in Gelb anschlagen und in die 2. Lm von der Nadel aus die 1. fM häkeln. Den Topflappen nach dem Zählmuster arbeiten. Die Konturen im Kettenstich in Hellgelb aufsticken. Umrandung: Den Topflappen mit 1 Rd fM und einer Rd Kett-M in Gelb behäkeln. Die Blätter mit dem Aufhänger in Grün wie folgt arbeiten: In eine Fadenschlinge 1 Lm und 6 fM häkeln. In der 2. Rd jede M verdoppeln = 12 M. 3. Rd: 12 Lm, dann 1 fM auf die M der Vor-Rd, * 4 Lm und auf diese Lm 1 fM und 2 Stb häkeln, auf die 2. folgende M der Vor-Rd 1 fM häkeln, ab * 4 x wdh. Die Lm-Kette am Rd-Anfang mit 15 fM behäkeln. Das Teil auf den Topflappen nähen.

Blumenkohl

Größe: ca. 24 x 22 cm

Das wird gebraucht

Für 1 Topflappen:
Coats Lyric 8/8, 15 g natur (Fb 505), 10 g hellgrün (Fb 521), 25 g grün (Fb 556), Rest weiß (Fb 500)
Häkelnadel 4 oder 4,5
Sticknadel Nr. 18 mit Spitze

Grundmuster: fM in Reihen häkeln, dabei jede R mit 1 Lm wenden. Die farbigen Flächen einhäkeln (siehe Zählmuster). Bei kleinen Farbflächen den Musterfaden beim Häkeln auf die M-Glieder der Vor-R legen und einhäkeln. Die größeren Flächen im Farbwechsel mit mehreren Knäueln arbeiten. Beim Farbwechsel die letzte M einer Farbe mit der folgenden Farbe abmaschen.

Maschenprobe:
18 M und 20 R = 10 x 10 cm

So wird's gemacht

9 Lm in Dunkelgrün anschlagen und in die 2. Lm von der Nadel aus die 1. fM häkeln. Den Topflappen nach dem Zählmuster arbeiten. Die Konturen im Kettenstich aufsticken: auf der grünen Fläche in Hellgrün, auf der hellgrünen Fläche in Grün und auf der naturfarbenen Fläche in Weiß. **Umrandung:** Den Topflappen mit 1 Rd fM und einer Rd Kett-M in Grün behäkeln, dabei für den Aufhänger in der 1. Rd 12 Lm häkeln, in der 2. Rd diese Lm-Kette mit ca. 15 fM umhäkeln.

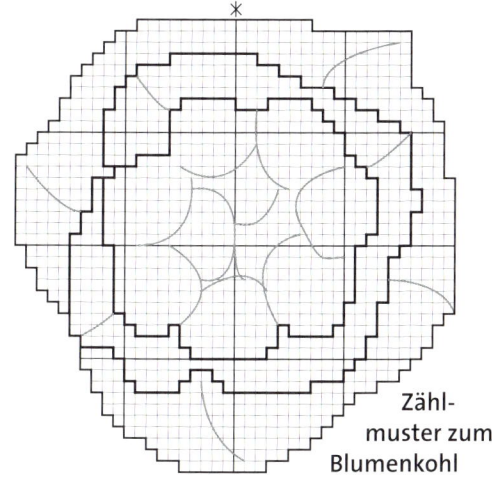

Zählmuster zum Blumenkohl

• Tipp •

Soll der Topflappen von beiden Seiten gleich aussehen, die Rückseite ebenfalls im Kettenstich besticken, dabei die Stiche aber flach ausführen, sodass sie auf der anderen Seite nicht sichtbar sind.

Modisch kariert

Topflappen mit Überkaro

Größe: ca. 22 x 22 cm

Das wird gebraucht

Für 1 Paar Topflappen:
Coats Lyric 8/8, je 15 g schwarz (Fb 501) und weiß (Fb 500), je 35 g gelb (Fb 524), rot (Fb 508), grün (Fb 512) und blau (Fb 555)
Häkelnadel Nr. 4 oder 4,5

Grundmuster: fM in Reihen häkeln, dabei jede R mit 1 Lm wenden. Für den Farbwechsel mit 2 Knäueln in einer R arbeiten, dabei die letzte M stets mit der folgenden Farbe abmaschen.
Karomuster: Nach der Schemazeichnung arbeiten, die weißen und schwarzen Überkaros werden nach Fertigstellung der Umrandung 4-fädig in Stopftechnik durch die Loch-R gezogen.

Maschenprobe:
19 M und 20 R = 10 x 10 cm

So wird's gemacht

43 M (21 M in Gelb, 22 M in Blau) anschlagen und nach der Schemazeichnung 42 R häkeln. **Umrandung:** Je 1 Topflappen in Weiß und Schwarz mit 1 Rd fM und 1 Rd Krebs-M umhäkeln, dabei zuerst für den **Aufhänger** 12 Lm häkeln, diese in der 1. Rd mit ca. 15 fM, in der 2. Rd mit Krebs-M behäkeln. Für die **Überkaros** die weißen und schwarzen Fäden durch die Loch-R ziehen (bei der weißen Umrandung mit Schwarz, bei der schwarzen Umrandung mit Weiß beginnen). Die Fäden lang genug lassen, um sie anschließend hinter der Umrandung verknoten zu können. Die Fransen auf 1 cm zurückschneiden.

Zählmuster zu den Topflappen mit Überkaro

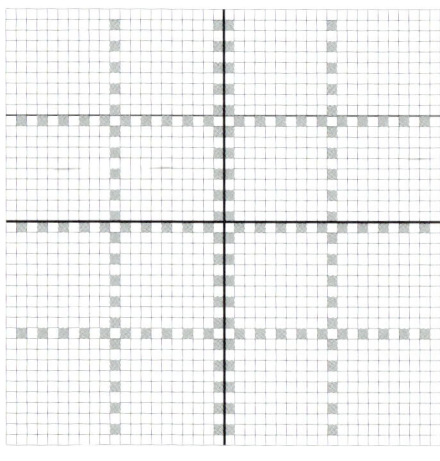

☐ = fM
▦ = mit 2 Lm 1 M übergehen
▩ = mit 2 Lm 2 M übergehen

Topflappen mit Überkaro

Modisch kariert

Topflappen mit Schachbrettmuster

Größe: ca. 23 x 21 cm

Das wird gebraucht

Für 1 Paar Topflappen:
Coats Lyric 8/8, je 50 g schwarz (Fb 501) und weiß (Fb 500), je 10 g gelb (Fb 524), rot (Fb 508), grün (Fb 512) und blau (Fb 555)
Häkelnadel Nr. 4 oder 4,5

Grundmuster: fM in Reihen häkeln, dabei jede R mit 1 Lm wenden. Für den Farbwechsel mit mehreren Knäueln in einer R arbeiten, dabei die letzte M stets mit der folgenden Farbe abmaschen.
Karomuster: Über je 6 M und 6 R schwarz und weiß.

Maschenprobe:
18 M und 20 R = 10 x 10 cm

So wird's gemacht

43 Lm in Schwarz anschlagen, in die 2. Lm von der Nadel aus die 1. fM häkeln = 42 M. Nach jeweils 6 M und 6 R die Farben wechseln. Beim Farbwechsel in der Höhe das 1. Karo mit einem neuen Knäuel beginnen, die anderen Farben jedoch auf die M-Glieder der Vor-R legen und einhäkeln, so sind innerhalb des Teils keine Fäden zu vernähen. Nach 42 R ist das Teil beendet. **Umrandung** (4-farbig): Jede Seite (gelb, blau, rot, grün) getrennt arbeiten. Je Seite 1 R Kett-M häkeln, dabei diese Kett-M lose arbeiten. **2. R:** Auf der Rückseite um den Kett-M-Faden fM häkeln. **3. R:** Auf der Vorderseite um die Kett-M fM häkeln. **4. Rd :** Beide R mit Kett-M zusammenhäkeln, dabei beidseitig nur in ein M-Glied der Vor-R einstechen. **Achtung!** Für den **Aufhänger** im gelben (roten) Streifen mittig in der **1. R** 12 Lm häkeln, in die gleiche Einstichstelle wieder einstechen und weiterarbeiten. In der **2. R** an gleicher Stelle noch 1 x 12 Lm häkeln, in der **3. R** beide Lm-Ketten zus. mit ca. 15 fM umhäkeln, in der **4. R** diese M mit Kett-M behäkeln. Die Umrandung an den Schmalseiten mit den Endfäden zusammennähen.

● Tipp ●

Passende Sets und Serviettenringe finden Sie auf der hinteren Umschlaginnenseite.

Regenbogen-Ringel

Dreieckige Topflappen
Größe: ca. 24 x 19 cm

Das wird gebraucht
Für 1 Paar Topflappen:
Coats Lyric 8/8, 10 g gelb (Fb 524), 15 g orange (Fb 537), 20 g apfelgrün (Fb 590), 35 g türkis (Fb 557)
Häkelnadel Nr. 4 oder 4,5

Grundmuster: fM in Reihen häkeln, dabei jede R mit 1 Lm wenden.
Streifenfolge: 2 R apfelgrün, 4 R türkis, 6 R orange, 2 R gelb, 4 R apfelgrün, 6 R türkis, 2 R orange, 4 R gelb = 30 R. Den Topflappen in Apfelgrün beenden.

Maschenprobe:
18 M und 20 R = 10 x 10 cm

Zählmuster

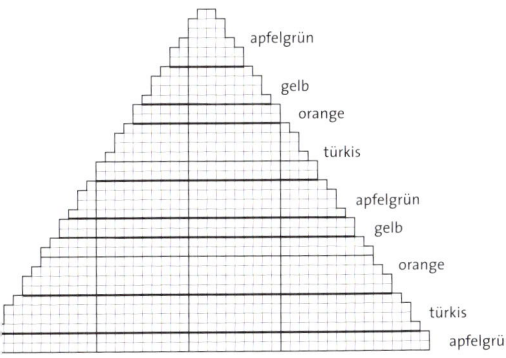

apfelgrün
gelb
orange
türkis
apfelgrün
gelb
orange
türkis
apfelgrün

So wird's gemacht

49 M in Apfelgrün anschlagen, in die 2. M von der Nadel aus die 1. fM häkeln = 48 M. Für die Schräge beidseitig und abwechselnd in jeder R und jeder 2. R 23 x 1 M abnehmen (siehe Zählmuster). Umrandung: Den Topflappen in Türkis mit 1 Rd fM und 1 Rd Kett-M umhäkeln, dabei für den Aufhänger an der Spitze in der 1. Rd 12 Lm häkeln, in der folgenden Rd diese mit ca. 15 fM behäkeln.

Regenbogen-Ringel

Runde Topflappen
Größe: ca. 22 cm Durchmesser

Das wird gebraucht

Für 1 Paar Topflappen:
Coats Lyric 8/8, je 20 g orange (Fb 537), pink (Fb 525) und apfelgrün (Fb 590), je 15 g türkis (Fb 557) und gelb (Fb 524), 10 g blau (Fb 510)
Häkelnadel Nr. 4 oder 4,5

Beim Farbwechsel am Rundenübergang die letzte M stets mit der folgenden Farbe abmaschen. Für die Zunahmen nach der Anleitung die M verdoppeln, d.h. in eine Einstichstelle 2 fM häkeln.

Streifenfolge: je 2 Rd blau, türkis, apfelgrün, pink, orange und gelb. Diese 12. Rd stets wdh.

Maschenprobe:
18 M und 20 R = 10 x 10 cm

Grundmuster: fM in Runden häkeln, dabei die Runden spiralförmig arbeiten. Ein farbiger Faden zwischen den M am Rd-Übergang erleichert das Zählen.

So wird's gemacht

In einen blauen Fadenring 2 Lm und 7 fM häkeln = **1. Rd.** = 8 M.
2. Rd: 4 x jede 2. M verdoppeln = 12 M.
3. Rd: 6 x jede 2. M verdoppeln = 18 M.
4. Rd: 6 x jede 3. M verdoppeln = 24 M.
5. Rd: 6 x jede 4. M verdoppeln = 30 M.
6. Rd: 1 x die 2. M und noch 5 x jede 5. M verdoppeln = 36 M.
7. Rd: 6 x jede 6. M verdoppeln = 42 M.
8. Rd: 1 x die 3. M und noch 5 x jede 7. M verdoppeln = 48 M.
9. Rd: 6 x jede 8. M verdoppeln = 54 M.
10. Rd: 1 x die 4. M und noch 5 x jede 9. M verdoppeln = 60 M.
11. Rd: 6 x jede 10. M verdoppeln = 66 M.
12. Rd: 1 x die 5. M und noch 5 x jede 11. M verdoppeln = 72 M.
13. Rd: 6 x jede 12. M verdoppeln = 78 M.
14. Rd: 1 x die 6. M und noch 5 x jede 13. M verdoppeln = 84 M.
15. Rd: 6 x jede 14. M verdoppeln = 90 M.
16. Rd: 1 x die 7. M und noch 5 x jede 15. M verdoppeln = 96 M.
17. Rd: 6 x jede 16. M verdoppeln = 102 M.
18. Rd: 1 x die 8. M und noch 5 x jede 17. M verdoppeln = 108 M.

19. Rd: 6 x jede 18. M verdoppeln = 114 M.
20. Rd: 1 x die 9. M und noch 5 x jede 19. M verdoppeln = 120 M.
21. Rd: 6 x jede 20. M verdoppeln = 126 M.
22. Rd: 1 x die 10. M und noch 5 x jede 21. M verdoppeln = 132 M.
Den Topflappen mit 1 Rd Kett-M beenden, dabei zuerst für den Aufhänger 12 Lm häkeln und diese am Rd-Ende mit ca. 15 fM umhäkeln.

Streifen-Topflappen

Größe: ca. 21 x 21 cm

Das wird gebraucht

Für 1 Paar Topflappen:
Coats Lyric 8/8, je 35 g orange (Fb 537), pink (Fb 525), apfelgrün (Fb 590) und türkis (Fb 557)
Häkelnadel Nr. 4 oder 4,5

Grundmuster: fM in Reihen häkeln, dabei jede R mit 1 Lm wenden. Die folgenden Angaben in Klammern gelten für den 2. Topflappen.

Schmale Streifenfolge: je 2 R pink (türkis) und orange (apfelgrün)

Breite Streifenfolge: je 7 R türkis (pink) und apfelgrün (orange)

Maschenprobe: 18 M und 20 R = 10 x 10 cm

So wird's gemacht

Für die schmale Streifenfolge 15 M in Pink (Türkis) anschlagen, in die 2. Lm von der Nadel aus die 1. fM häkeln = 14 M pro R. 42 R in der schmalen Streifenfolge häkeln. Für die breiten Streifen aus der Längskante des 1. Teils über 38 M nach der Streifenfolge in Türkis und Apfelgrün (in Pink und Orange) 28 R häkeln.

Umrandung (zweifarbig): Die schmalen Streifen mit Orange (Apfelgrün) umhäkeln, die breiten Streifen mit Türkis (Pink) umhäkeln. 1 Rd fM und 1 Rd Kett-M, häkeln, beim Farbübergang die letzte M mit der folgenden Farbe abmaschen. Für die Aufhänger in der 1. Rd 12 Lm häkeln, und diese in der folgenden Rd mit ca. 15 fM behäkeln.

Schweinchen

Größe: ca. 22 cm ⌀

Das wird gebraucht

Für 1 Paar Topflappen:
Coats Lyric 8/8, 100 g rosa (Fb 587) und 50 g pink (Fb 525), Rest schwarz (Fb 501)
Häkelnadel Nr. 4 oder 4,5
Sticknadel Nr. 18 mit Spitze

Grundmuster: fM in Runden häkeln, dabei die Runden spiralförmig arbeiten. Ein farbiger Faden zwischen den M am Rd-Übergang erleichtert das Zählen. Für die Zunahmen nach der Anleitung die M verdoppeln, d.h. in eine Einstichstelle 2 fM häkeln.

Maschenprobe:
18 M und 20 R = 10 x 10 cm

So wird's gemacht

Schweinchen von hinten: In einen Fadenring in Rosa (dabei einen ca. 2 m langen Faden für das Ringelschwänzchen lassen) 2 Lm und 7 fM häkeln =
1. Rd = 8 M.
2. Rd: 4 x jede 2. M verdoppeln = 12 M.
3. Rd: 6 x jede 2. M verdoppeln = 18 M.
4. Rd: 6 x jede 3. M verdoppeln = 24 M.
5. Rd: 6 x jede 4. M verdoppeln = 30 M.
6. Rd: 1 x die 2. M und noch 5 x jede 5. M verdoppeln = 36 M.
7. Rd: 6 x jede 6. M verdoppeln = 42 M.
8. Rd: 1 x die 3. M und noch 5 x jede 7. M verdoppeln = 48 M.
9. Rd: 6 x jede 8. M verdoppeln = 54 M.
10. Rd: 1 x die 4. M und noch 5 x jede 9. M verdoppeln = 60 M.
11. Rd: 6 x jede 10. M verdoppeln = 66 M.
12. Rd: 1 x die 5. M und noch 5 x jede 11. M verdoppeln = 72 M.
13. Rd: 6 x jede 12. M verdoppeln = 78 M.
14. Rd: 1 x die 6. M und noch 5 x jede 13. M verdoppeln = 84 M.
15. Rd: 6 x jede 14. M verdoppeln = 90 M.
16. Rd: 1 x die 7. M und noch 5 x jede 15. M verdoppeln = 96 M.
17. Rd: 6 x jede 16. M verdoppeln = 102 M.
18. Rd: 1 x die 8. M und noch 5 x jede 17. M verdoppeln = 108 M.
19. Rd: 6 x jede 18. M verdoppeln = 114 M.
20. Rd: 1 x die 9. M und noch 5 x jede 19. M verdoppeln = 120 M.
21. Rd: 6 x jede 20. M verdoppeln = 126 M. Den Häkelfaden nicht abschneiden, denn nach Fertigstellung der Ohren und der Füße wird die Umrandung und der Aufhänger mit dieser Farbe gearbeitet.

Ringelschwänzchen: Mit dem Mittelfaden 10 Lm häkeln, in die 2. Lm und in jede folgende Lm jeweils 3 fM häkeln.

Ohren: Die obere Topflappenmitte kennzeichnen und mit jeweils 12 M Abstand von der Mitte die Ohren in Pink arbeiten. 12 fM häkeln, dabei jeweils nur in das vordere M-Glied einstechen, das Teil wenden und in die hinteren M-Glieder auch 12 M häkeln = über 24 M in Runden häkeln. Die Abnahmen ab der 3. Rd und in jeder folgenden Rd wie folgt arbeiten: An der Außenkante auf der Vorder- und Rückseite stets 2 M zus. abmaschen. Nach 10 Rd die restlichen 8 M voreinander häkeln. Das 2. Ohr genauso arbeiten.

Schweinchen

Pfoten: Die untere Topflappenmitte kennzeichnen und direkt ab Mitte die Pfoten in Pink arbeiten. 12 fM häkeln, dabei jeweils nur in das vordere M-Glied einstechen, das Teil wenden und in die hinteren M-Glieder auch 12 M häkeln. Über 24 M 5 Runden häkeln. Die Abnahmen in der 6. Rd wie folgt arbeiten: An der Außenkante auf der Vorder- und Rückseite stets 2 M zus. abmaschen, dann die restlichen 20 M voreinander häkeln. Die 2. Pfote genauso arbeiten.
Umrandung: Die rosa Grundfläche mit 1 Rd Kett-M behäkeln, dabei für den Aufhänger in der Mitte 12 Lm häkeln, in die gleiche Einstichstelle eine 2. Kett-M, und die Lm-Kette mit ca. 15 fM behäkeln.

Schweinchen von vorne: Mit Pink beginnen und nach der Anleitung oben arbeiten. Nach 7 Rd in Rosa weiterhäkeln, dabei die letzte pinkfarbene M mit Rosa abmaschen. Die **Ohren, Pfoten** und die **Umrandung** nach der Anleitung oben arbeiten. Das Gesicht in Schwarz aufsticken: Die Augen im Plattstich, Nasenlöcher und Mund im Ketten- oder Stielstich.

Weihnachtliche Topflappen

Tannenbaum

Größe: ca. 20 x 22 cm

Das wird gebraucht

Für 1 Topflappen:
Coats Lyric 8/8, 30 g grün (Fb 556), 10 g schwarz (Fb 501), Reste gelb (Fb 524) und rot (Fb 508)
Häkelnadel Nr. 4 oder 4,5
Sticknadel Nr. 18 mit Spitze

Grundmuster: fM in Reihen häkeln, dabei jede R mit 1 Lm wenden. Die Abnahmen nach dem Zählmuster arbeiten.
Maschenprobe:
18 M und 20 R = 10 x 10 cm

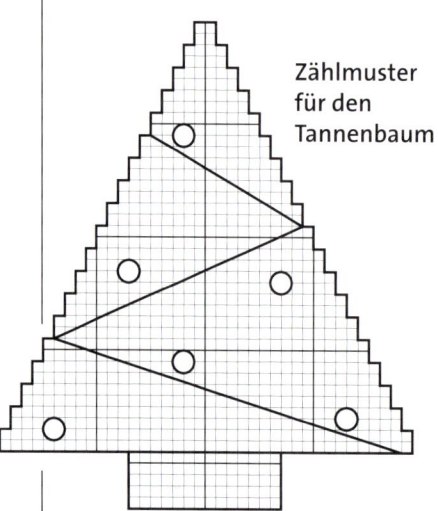

Zählmuster für den Tannenbaum

So wird's gemacht

15 Lm in Schwarz anschlagen und in die 2. Lm von der Nadel aus die 1. fM häkeln = 14 M. Nach 5 R für die Zunahmen an einer Seite 12 Lm in Grün anhäkeln, an die andere Seite 13 Lm in Grün anhäkeln, in die 2. M von der Nadel aus die 1. fM häkeln und über alle 38 M weiter nach dem Zählmuster arbeiten. Die Zackenlinie im Kettenstich in Gelb aufsticken, und die roten Kugeln als **Noppen** häkeln: 4 Lm anschlagen, 3 zus. abgemaschte Stb in die 1. Lm häkeln.

Umrandung: Den Topflappen mit 1 Rd fM und einer Rd Kett-M in Dunkelgrün, den Stamm in Schwarz behäkeln, dabei für den **Aufhänger** oben an der Spitze in der 1. Rd 12 Lm häkeln, in der 2. Rd diese Lm-Kette mit ca. 15 fM umhäkeln.

Herz

Größe: ca. 24 x 20 cm

Das wird gebraucht

Für 1 Topflappen:
Coats Lyric 8/8, 45 g rot (Fb 508),
  Rest orange (Fb 537)
Häkelnadel Nr. 4 oder 4,5
Sticknadel Nr. 18 mit Spitze

Grundmuster: fM in Reihen häkeln, dabei jede R mit 1 Lm wenden. Die Ab- und Zunahmen nach dem Zählmuster arbeiten.

Maschenprobe:
18 M und 20 R = 10 x 10 cm

So wird's gemacht

5 Lm in Rot anschlagen und in die 2. Lm von der Nadel aus die 1. fM häkeln = 4 M. Die Zu- und Abnahmen nach dem Zählmuster arbeiten. Die Konturen in Orange aufsticken.

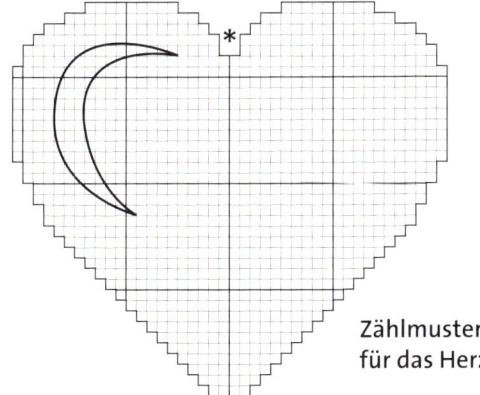

Zählmuster für das Herz

Umrandung: Den Topflappen mit 1 Rd fM und einer Rd Krebs-M in Rot behäkeln, dabei für den Aufhänger in der 1. Rd 15 Lm häkeln, in der 2. Rd diese Lm-Kette mit ca. 20 fM umhäkeln. Für die Quaste 8 bis 10 ca. 8 cm lange Fäden in Orange und Rot in die Spitze knüpfen, abbinden und auf ca. 2,5 cm zurückschneiden.

Schneemann

Größe: ca. 20 x 24 cm

Das wird gebraucht

Für 1 Topflappen:
Coats Lyric 8/8, 45 g weiß (Fb 500), 10 g
  schwarz (Fb 501), Rest orange (Fb 537)
Häkelnadel Nr. 4 oder 4,5
Sticknadel Nr. 18 mit Spitze

Grundmuster: fM in Reihen häkeln, dabei jede R mit 1 Lm wenden. Die Ab- und Zunahmen nach dem Zählmuster arbeiten.

Maschenprobe:
18 M und 20 R = 10 x 10 cm

Impressum

So wird's gemacht

17 Lm in Weiß anschlagen und in die 2. Lm von der Nadel aus die 1. fM häkeln = 16 M. Die Zu- und Abnahmen nach dem Zählmuster arbeiten. Die Konturen von Mund und Armen im Kettenstich in Schwarz aufsticken. Die Augen in Schwarz, die Nase in Orange im Plattstich arbeiten. Für die Knöpfe Noppen häkeln: 4 Lm anschlagen, 3 zus. abgemaschte Stb in die 1. Lm häkeln. **Umrandung:** Den Topflappen mit 1 Rd fM und einer Rd Kett-M in Weiß, bzw. am Hut in Schwarz behäkeln, dabei für den Aufhänger in der 1. Rd 12 Lm häkeln, in der 2. Rd diese Lm-Kette mit ca. 15 fM umhäkeln.

Zählmuster für den Schneemann

Herstellernachweis

Garne:
Coats GmbH
Postfach 1179
79337 Kenzingen

Die Deutsche Bibliothek – CIP-Einheitsaufnahme

Pfiffige Topflappen häkeln : mit Häkelschriften ; Grundformen und neue Ideen / Dorothea Neumann ; Sabine Grehl. –
Augsburg : Augustus-Verl., 1999 (Ideenkiste)
ISBN 3-8043-0657-8

Das Werk einschließlich aller seiner Teile ist urheberrechtlich geschützt. Jede Verwertung außerhalb des Urhebergesetzes ist ohne Zustimmung des Verlages unzulässig und strafbar. Das gilt insbesondere für Vervielfältigungen, Übersetzungen, Mikroverfilmungen und die Einspeicherung und Verarbeitung in elektronischen Systemen.

Die im Buch veröffentlichten Ratschläge wurden von Verfasserinnen und Verlag sorgfältig erarbeitet und geprüft. Eine Garantie kann dennoch nicht übernommen werden. Ebenso ist die Haftung der Verfasserinnen bzw. des Verlages und seiner Beauftragten für Personen-, Sach- und Vermögensschäden ausgeschlossen.

Jede gewerbliche Nutzung der Arbeiten und Entwürfe ist nur mit Genehmigung von Verfasserinnen und Verlag gestattet.

Fotografie: Angela Francisca Endress, 61250 Eschbach
Lektorat: Helene Weinold-Leipold, Aystetten
Umschlagkonzeption: Kontrapunkt, Kopenhagen
Umschlaglayout: Andreas Bernhard
Reihenkonzeption: Kontrapunkt, Kopenhagen
Layout: Anton Walter, Gundelfingen

AUGUSTUS VERLAG AUGSBURG 1999
© Weltbild Ratgeber Verlage GmbH & Co. KG.

Satz: Gesetzt aus 9,5 Punkt The Sans
von DTP-Design Walter, Gundelfingen
Reproduktion: GAV Prepress, Gerstetten
Druck und Bindung: Offizin Andersen Nexö, Leipzig

Gedruckt auf 135 g umweltfreundlich chlorfrei gebleichtes Papier.

ISBN 3-8043-0657-8

Printed in Germany